AF586025

CATALOGUE

DU MUSÉUM

DE LA VILLE DU MANS.

Site du Muséum.

Cet établissement public est placé à l'extrémité de la Galerie voûtée qui formait autrefois l'ancien cloître des Moines de la Couture, près du bel escalier qui conduit dans les appartemens de M. le Préfet et dans les bureaux de la Préfecture ; une Galerie également voûtée sert de vestibule au Muséum, et en forme l'entrée.

Les Tableaux qui n'ont pu, à défaut d'espace, trouver place dans la Galerie du Muséum, y sont exposés dans l'ordre suivant.

Nota. *Les exemplaires du dernier Catalogue étant épuisés, on a profité de la réimpression forcée de ce nouveau livret pour y insérer les nombreuses additions et changemens qui ont été faits au Muséum.*

PREMIÈRE DIVISION.

TABLEAUX.

TABLEAUX PLACÉS DANS LE VESTIBULE D'ENTRÉE.

N^os^

1 La ville de Maëstricht, prise par Louis XIV ; peint par Van der Meulen.

2 Deux Chiens en arrêt sur des Perdrix : par *Oudry*.
3 Châtiment des Filles publiques en Turquie.
4 États-généraux tenus à Orléans, avec un cadre d'explication.
5 Deux Chiens de chasse gardant un Lièvre et une Perdrix, morts; *par Oudry*.
6 Colloque des Protestans à Poissy, en 1561, avec un cadre d'explication.
7 La ville de Cambrai prise par Louis XIV; peint par Van der Meulen.
8 Tableau représentant des Fleurs et des Fruits; par *Moreau*.
9 Tête de saint Jean-Baptiste présentée par Salomé à sa mère Hérodiade par ordre d'Hérode.
10 Deux grands ovales, sous le même numéro, représentant des vues du Mans; peints par *M. Chesneau*, conseiller de Préfecture de la Sarthe.
11 Des Joueurs aux cartes; de l'*École flamande*.
12 Portrait d'une abbesse, en grandeur naturelle.
13 Deux tableaux de Fleurs, sous le même numéro; peints par *Batiste*.
14 Jupiter changé en Taureau pour enlever Europe.
15 Une Dame espagnole en grand costume.
16 Orgie de Gourmands et de Buveurs; de l'*École flamande*.
17 Saint Sébastien, percé de flèches.
18 Bataille donnée dans la plaine de Saint-Denis, sous Charles IX.
19 Tournois où Gabriel Montgomery, combattant contre le roi Henri II, lui porta dans l'œil un coup de lance, dont il mourut.
20 Chien d'arrêt près d'un fusil et de gibier mort; *par Oudry*.
21 Chiens à l'affût sur deux Perdrix; *par le même*.
22 Des Petits Amours s'enivrant.
23 Un tableau représentant un Paysage.
24 Entrée d'un Sultan à Constantinople; tableau que l'on croit être d'un peintre Turc.
25 Enfans enlacés de guirlandes de fleurs; d'après *Luc Giordano*.
26 La Reine de Saba sous différens aspects.
27 *Idem*.
28 *Idem*.
29 *Idem*.

30 *Idem.*
31 *Idem.*
32 *Idem.*
33 *Idem.*
34 *Idem.*
35 *Idem.*
36 Salomon.
37 Costume d'un Chevalier Français sous François I.er

TABLEAUX EXPOSÉS DANS LA GRANDE GALERIE DU MUSÉUM DU MANS.

N.os
1 Le Bonheur champêtre, ou l'Age d'or ; par *F. Franck.*
2 Deux petits Portraits d'homme et de femme, sous le même numéro.
3 Une marine représentant des Vaisseaux que les mariniers chargent et déchargent ; Par H. *Van Lint.*
4 Tableau où sont peints des Légumes, et des animaux vivans et morts que guette un Chat ; par *Guillaume Kalf.*
5 Martyre de saint Étienne, peint sur cuivre.
6 Irène enlevant les flèches du corps de saint Sébastien.
7 Cène, ou le lavement des pieds aux Apôtres par Jésus-Christ ; *Carle Vanloo* (*Tableau de prix*).
8 J-C. descendu de la Croix, mis aux pieds de la Vierge ; d'après *Jouvenet.*
9 Des enfans causant ensemble ; par *Duthemas.*
10 Tableau de nature morte, Poissons ; par *Desportes.*
11 Un Joueur de mandoline ; de l'*Ecole flamande.*
12 Un Enfant qui s'arrache les cheveux et pleure.
13 Un autre Enfant qui rit de son extravagance.
14 Paysage peint dans le genre de *Pérelle.*

Famille de Tessé.

15 Le comte de Rouvrai, grandeur naturelle.
16 La comtesse de Rouvrai, *idem.*
17 Le Roi d'Espagne donnant l'Ordre de la Toison-d'Or au maréchal de Tessé.
18 Portrait de la comtesse de Tessé, mère du maréchal.
19 Le maréchal de Tessé, à l'âge de 4 ans.
20 Portrait du maréchal de Tessé.
21 Portrait d'une abbesse de la famille de Tessé.

N. B. Tous ces Portraits de la famille de Tessé, ainsi que la majeure partie des Tableaux de cette Galerie, ont été donnés au Muséum par M. de Tessé.

---

22 Tableau représentant des Fruits.
23 Tableau représentant des Fleurs.
24 Portrait d'un Chevalier de l'Ordre du Saint-Esprit, en grand costume.
25 Faustule remet à Laurentia Romulus et Remus ; par *Detroy.*
26 Fête espagnole ; par *B. Franco.*
27 Des Animaux, des Fleurs et des Fruits ; par *Moreau.*

Portraits des 12 Césars, peints à Rome, légués par M. Chesneau, Conseiller de Préfecture.

27	a. Julius Cesar,	45 ans avant J.-C.
27	b. Octavius Augustus,	14 ans après J.-C.
27	c. Tiberius Augustus,	37 ans.
27	d. Cesar Germanicus,	41
27	e. Titus Claudius,	54
27	f. Nero,	68
27	g. Galba,	69
27	h. Othon,	69
27	i. Vitellius,	69
27	k. Vespasianus,	79
27	l. Titus,	81
27	m. Domitianus,	96

28 Portrait de feu M. Maulny, Naturaliste.
28 Deux tableaux de ruines d'architecture ; par *Bellozi*, sous le même numéro.
29 Moïse retiré des eaux ; par *Detroy.*
30 Ariane délaissée par Thésée dans l'île de Naxos ; par l'*Albane.*
31 La Nymphe Galatée ; par l'*Albane.*
32 Portrait de Louis XV, encore jeune.
33 La Nymphe Calypso au milieu de ses compagnes dans l'île d'Oxigie.
34 Un tableau de Fleurs.
35 Deux tableaux représentant des Réjouissances flamandes, sous le même numéro.
36 Tableaux de Canards et Pigeons morts.
37 Paysage où l'on voit un Berger conduisant un troupeau.

38 Deux petits Amours, sous le même numéro; par *Sébastien Bourdon.*
39 Un tableau de Fleurs.
40 Un Paysage avec la vue d'une Ville.
41 Un autre Paysage; par *Francisque Milet.*
42 Deux tableaux de marine, sous le même numéro.
43 La Muse de la Musique, jouant de la flûte.
44 La Muse de l'Eloquence.
45 La Muse de l'Histoire.
46 Une Jeune personne dessinant à la lueur d'une lampe.
47 Un petit tableau de Fruits.
48 Portrait d'une femme, dans un cadre doré, rond.
49 Un petit Paysage, sans cadre.
50 Tableau de marine, représentant un Port avec des Vaisseaux; par *H. Van Lint.*
51 Six tableaux, sous le même numéro, représentant les batailles de Louis XIV.
52 Dix-sept tableaux, sous le même numéro, représentant dès Chevaux donnés par diverses villes à Louis XIV, ainsi qu'il suit:

A--Le Commode, espagnol, par la ville de Saint-Qmer.
B--L'Engageant, anglais, par la ville d'Arras, en 1694.
C--Le Cramoisi, arabe, la ville de Constantinople, en 1694.
D--Le Brillant, anglais, la ville de Douvres, en 1694.
E--Le Chéleby, arabe, la ville d'Alger, en 1694.
F--Le Barbe Ober, la ville de Baloste.
G--Le Polipeux Roussin, la ville d'Aire.
H--Le Ministre, irlandais, la ville d'Harderwy.
I--Le Fin Barbé, la ville de Brisak.
K--L'Agréable, espagnol, en 1700.
L--Le Bacha, turc, la ville de Namur.
M--L'Éclatant, du haras de Monseigneur, en 1700.
N--Le Moufti, turc, la ville d'Aire.
O--Le Tospot, anglais, la ville d'Ypres.
P--Le Charmant, anglais, la ville de Cambrai.
Q--Le Soliman, turc, la ville de Santon.
R--Le Fameux, des haras de Monseigneur, la ville de Wesel.

53 Tête d'un Moine, sans cadre.
54 Une Cuisinière, d'après Téniers.
55 Portrait d'Antoine la Rochefoucault, seigneur de Barbezieux.

56 Portrait de Charles de Gondy, marquis de Latour.
57 Portrait d'une jeune femme.
58 Tableau représentant un Astronome
59 Portrait de Charles de Gondy, marquis de Belle-Isle.
60 Portrait d'Emmanuel de Gondy, comte de Joigny.
61 Portrait du duc de Richelieu.
62 Portrait d'un ancien magistrat.
63 Portrait du duc de Mortemar.
64 Portrait du maréchal de Créqui.
65 Portrait de Mme de Montespan.
66 Portrait d'Albert de Gondy, maréchal de Retz.
67 Portrait du comte de la Ferrière.
68 Portrait du comte du Maine.
69 Portrait du duc de Vendôme.
70 Portrait de Jean de Cepoix, amiral de France.
71 Portrait du duc d'Aumont.
72 Portrait de Beatilde, femme de Clovis II, douzième roi de France.
73 Portrait d'Yvonne, femme de Hugues Capet, trente-sixième roi de France.
74 Portrait d'Ermangarde, femme de Charles le-Chauve, vingt-sixième roi de France.
75 Tableau représentant l'Amour offrant une coupe à une femme parée.
76 Portrait d'Ingumberg, femme de Charibert, huitième roi de France.
77 Portrait de Germatrude, femme de Dagobert, deuxième roi de France.
78 Portrait d'Andouère, femme de Chilpéric, neuvième roi de France.
78 A.--Portrait de Berthe, femme de Philippe Ier, trente-neuvième roi de France.
78 B --Portrait de la Femme de Clotaire Ier, neuvième roi.
78 C.--Portrait de Ansgard, femme de Louis-le-Bègue, vingt-septième roi de France.
78 D.--Portrait d'une Chanoinesse.
78 E.--Portrait d'une Femme qui dessine au crayon.
79 Portrait de Mathilde, femme de Henri Ier, trente-sixième roi de France.
80 Portrait d'une ancienne Religieuse.
81 Portrait de Diane de Poitiers.
82 Portrait de Blanche, femme de Louis-le-Fainéant, trente-cinquième roi de France.

83 Portrait de Galienne, femme de Charlemagne, vingt-quatrième roi de France.
84 Portrait d'une femme sous l'attribut de Diane.
85 Portrait d'une femme coiffée en cheveux.
86 Portrait d'Henriette de Balzac.
87 Portrait d'une jeune femme portant un voile sur la tête.
88 Portrait d'une femme parée.
88 A.--Portrait de la Duchesse Royale de Savoie.
88 B.--Portrait de Mlle de Montpensier.
89 Quatre Portraits, sous le même numéro, de Génovéfins de l'ancienn abbaye de Beaulieu, près le Mans.
90 Portrait d'Elisabeth d'Autriche, reine douairière de France.
91 Portrait de Louise de Lorraine, douairière de France.
92 Tableau représentant une Cuisinière qui tient un plat où est une langouste; à ses pieds sont des légumes.
93 Portrait d'une Abbesse.
94 Portrait de Mme de Maintenon, religieuse de Port-Royal.
95 Très-petit tableau ovale, représentant l'Amour assis sur un lion, placé au-dessous des tableaux de la famille de Tessé.
96 Une Vierge tenant dans ses bras l'Enfant Jésus; par *Guillemardet.*
97 Pan et Syrinx.
98 Paysage où se trouvent la Sainte-Famille et un groupe d'Anges; par *Le Mole.*
99 Un Vieillard, la lanterne à la main, est rencontré par une vieille femme.
100 Ecce Homo; par *Le Guide.*
101 La Mère des douleurs; par *le même.*
102 Sainte Geneviève, filant.
103 Buveurs près la porte d'une hôtellerie; de l'*Ecole flamande.*
104 Saint Jérôme en méditation sur une tête de mort.
105 Armures, Trompettes, Armes et Coquilles; tableau très-estimé des connaisseurs.
106 Des Joueurs sont surpris par le père de l'un d'eux; *Ecole flamande.*

Portraits des premiers Rois de France.

1re *Race, dite* MÉROVINGIENS.

106 *Bis.* 6me Roi Childebert I, en 511
7 Clotaire I, de Soissons, 558

10 Clotaire II dit le Grand, 584
11 Dagobert, 628
17 Childebert II le Juste, 695
18 Dagobert II, 711
19 Clotaire IV, 716
20 Chilperic II, ou Daniel, 716
21 Thierry II, de Chelles, 720
Interrègne de 6 ans.
22 Childeric II dit l'Idiot, 743

2me *Race*, *dite* CARLOVINGIENS.

23 Pepin dit le Bref, 752
24 Charlemagne, 768
25 Louis le Débonnaire, 814
26 Charles I le Chauve, 840
27 Louis II le Bègue, 877
28 Louis III et Carloman, 879
29 Charles II le Gros, 884
30 Eudes, 888
32 Raoul, duc de Bourg., 923
33 Louis IV d'Outremer, 936
34 Lothaire, 954
35 Louis V le Fainéant, 986

3me *Race*, CAPÉTIENS.

36 Hugues Capet, 987
37 Robert le Pieux, 996
38 Henri I, 1031
39 Philippe I, 1068
40 Louis VI le Gros, 1100
41 Louis VII le Jeune, 1137
42 Philippe II Auguste, 1180
43 Louis VIII Cœur de Lion, 1223
44 Louis IX (Saint), 1225
45 Philippe III le Hardi, 1270
46 Philippe IV le Bel, 1285
47 Louis X Hutin, 1314
48 Philippe V le Long, 1316
49 Charles IV le Bel, 1322

Branche des VALOIS.

50 Philippe VI Fortuné, 1328
51 Jean dit le Bon, 1350

52 Charles V le Sage, 1364
53 Charles VI le Bien-Aimé, 1360
54 Charles VII le Victorieux, 1422
55 Louis XI le Prudent, 1461
56 Charles VIII l'Affable, 1483
57 Louis XII, P. du Peuple, 1498
58 François I, P. des Lett., 1515
60 François II, 1559
61 Charles IX, 1560
62 Henri III, 1572

Branche des BOURBONS.

63 Henri IV le Grand, 1589
64 Louis XIII le Juste, 1610
65 Louis XIV le Grand, 1643
66 Louis XV le Bien-Aimé, 1715
67 Louis XVI, 1774
68 Louis XVII, 1793
69 Louis XVIII le Désiré, 1795
70 Charles X, 1824, 1824

106 *bis.* Deux philosophes conversant entr'eux; de l'*École Vénitienne.*

107 La sainte-famille entendant la lecture de saint Joseph; d'après l'Albane; tableau apprécié.

107 *bis.* Une sainte Catherine pinçant de la guitare.

108 Paysage où l'on voit dans le lointain une ville que l'on croit être l'ancien Paris.

109 Saint Jean-Baptiste, encore enfant, visite Jésus et sa mère; par *L. Mannozy.*

110 Bataille où Maxime est vaincu par Constantin; par Boisnard, peintre manceau, d'après *Jules Romain.*

111 Constantin à la tête de son armée aperçoit une croix lumineuse, où est écrit : *In hoc signo vinces;* par Boisnard du Mans, d'après *Jules Romain.*

---

112 *Maîtresses de nos anciens Rois.*

I Frédégonde sous Chilpéric, en 562.
II Maroffède et Marcœffe, sœurs, sous Caribert, 566.
III Andelinde, sous Clotaire, reine en 860.
IV Mathilde, religieuse sous Clovis II, en 684.
V Mme Gigon, sous Louis II, en 678.
VI Nantilde, sous Dagobert, en 840, puis reine.

VII Bilihilde, maîtresse, et puis reine sous Childebert, en 873.
VIII Alpède Dodon, sous Childebert III, en 714.
IX Mme de la Valière, sous Louis XIV, en 1692.
X Mme de Fontanges. sous Louis XIV, en 1678.
XI Mme de Bauvilliers, abbesse de Montmartre, sous Louis XIV.
XII Bertrande de Montfort, sous Philippe Ier, 1090.
XIII Huguette de Jacquelin, sous Louis II, en 877.
XIV Almafrède, sous le roi Robert, en 1000.
XV Marie Manfrède, sous Philippe-Auguste, en 885.
XVI La Belle Feronière, sous François Ier, en 1517.
XVII Agnès Sorel, sous Charles VII, en 1482.
XVIII Renée Silon, sous François Ier, en 1515.
XIX Diane de Poitiers, sous Henri II, en 1550.
XX Leriston, sous Heuri II, en 1552.
XXI Lavion, sous Henri II, 1557.
XXII La comtesse de Guiche, sous Henri IV, en 1586,
XXIII Gabriëlle d'Estrée, sous Henri IV, en 1590.
XXIV Mme de Montespan, sous Louis XIV, en 1684.
XXV La duchesse d'Étampes, sous François Ier, en 1520,
XXVI Marie Touchet, sous Charles Ier, en 1070.
XXVII La duchesse d'Entragues, sous Henri IV, en 1582.

113 Repos de la Vierge et de saint Joseph à leur arrivée en Egypte ; par *Bellin*

114 L'Automne ; par *Berry.*

115 L'Été ; par *Berry.*

116 Saint Jean-Baptiste ; par *Paul.*

117 Deux Portraits sous le même numéro.

118 Un homme présente une fleur à une femme (petit tableau.)

119 L'Enfant Jésus ayant sous ses pieds un serpent, le dompte par l'attouchement de la Croix.

120 La Frénésie, tableau envoyé par le Gouvernement, en 1821.

121 L'Assomption de la Vierge ; par *Guillebaut.*

122 Alexandre vient visiter Abdolonyme, et lui offre la couronne de Straton.

123 Le Jugement de Pâris.

124 Deux tableaux : le Printemps et l'Hiver, sous le même numéro.

125 Jésus-Christ au Jardin des Olives ; par *Laurent de la Hire.*

126 Saint Jean-Baptiste ; par *Marc Duval*, peintre manceau.
127 Le Jugement universel ; par *Albert Durer*.
128 La Présentation de Jésus-Christ au Temple.
129 Saint Bruno, chartreux, au pied de la Croix ; d'après *Jouvenet*.
130 Une sainte Famille ; par *Antoine Rivalz*.
131 Sainte Véronique tenant un linge sur lequel est peinte la tête du Christ.
132 Saint François d'Assises expirant ; par *Guillebaut*.
133 Une Vierge et l'Enfant Jésus ; d'après *Le Poussin*.
134 L'adoration des Mages ; par *Champagne*.
135 Sacrifice offert en réconciliation de Laban et de Jacob.
136 Les amours des Dieux.
137 Autre vue d'une ville qu'on croit être celle de Paris.
138 L'usurpateur Phocas fait égorger, sous les yeux de l'empereur Maxime, les deux fils de ce dernier, avant de lui faire partager leur sort.
139 Tableau représentant deux petits Amours, dont l'un est endormi.
139 *bis*. Diane de Poitiers aux genoux de François Ier, lui demande la grâce du Cte de S Vallier, son père. Envoi du Gouvernement en 1828 ; peint par *Bitter* en 1828.
140 Vue des Montagnes de la Suisse ; par *Lot*, peinture à la gouache.
141 Vue de l'île Saint-Pierre sur le lac de Bienne ; par *Bottes*, gouache.
142 Deux Paysages originaux ; par *Both*, tableaux appréciés.
143 Le dernier des Horaces immole sa sœur qui lui a fait le reproche d'avoir tué l'un des Curiaces, son amant.
144 Une cuisinière ; tableau d'après *Téniers*.
145 Jésus-Christ dans la prison, petit tableau peint sur cuivre.
146 Deux marines ; par *Hokin*, sous le même numéro.
147 Énée prêt à immoler Hélène, reine de Troye, en est empêché par Vénus, sa mère, qui lui apparaît ; tableau peint par *Le Roi*, de Versailles, envoyé par le Gouvernement en 1820.
148 Tableau de marine, Vaisseaux qu'on décharge.
149 Héloïse et Abélard, deux petits tableaux, sous le même numéro, peints par *Van Dyck*.
150 Deux Paysages, sous le même numéro ; peints par *Dughet*.

151 Une Corbeille remplie de Fleurs ; peint par *Roberts*
152 Une Bouteille et des Fruits, peints par *Comte*.
153 Manué et sa femme offrant un sacrifice à Dieu.
154 La femme de Darius aux pieds d'Alexandre ; de l'*École française*.
154 *bis*. Portrait de M. de Turenne.
155 Deux petites Marines, sous le même numéro ; par *Avrillon*.
156 Régulus tiré de sa charrue, par ordre du Sénat, pour commander les armées de la republique romaine ; de l'*École française*.
157 Un Chimiste dans son laboratoire ; par *David Teniers*, dit *le Vieux*.
158 Cincinnatus labourant son champ, reçoit les députés du Sénat romain qui lui présentent le décret qui le nomme Dictateur, l'an 295 de la fondation de Rome; de l'*École française*.
159 La Calomnie et le Mensonge, tableau envoyé au Muséum du Mans, par le Gouvernement, en 1820.
160 Tête colossale, envoi du Gouvernement au Muséum, en 1820 ; par *Hennequin*.
161 Deux petits tableaux, l'un représentant Vénus à sa toilette, et l'autre accompagnée des trois Grâces.
162 Deux petits portraits, sous le même numéro, l'un d'un Villageois, l'autre d'une Villageoise.
163 Deux autres petits portraits, sous le même numéro, l'un de Démocrite, et l'autre d'Héraclite ; peints par *Albert Durer*.
164 Un Buveur ; d'après *Valentin*.
165 L'adoration des Mages ; par *Franck* (joli petit tableau).
166 Jésus-Christ dans le Jardin des Olives ; d'après *Jouvenet*.
167 Demande à la cour de Turin, d'une princesse de Savoie pour le duc de Bourgogne, petit-fils de Louis XIV.
168 La Vierge place une rose sur la tête de saint Jean-Baptiste, encore enfant, en présence et sur la demande de l'enfant Jésus.
169 La Muse de l'Astronomie.
170 Un Ambassadeur français épouse par procuration, pour le duc de Bourgogne, Marie-Adélaïde de Savoie ; peint par *Laumosnier*.

DEUXIÈME DIVISION.

ANTIQUITÉS

ET OBJETS D'ARTS, SOIT NATIONAUX, SOIT ÉTRANGERS.

A l'entrée de la Galerie des Tableaux, sur la droite, est une petite Salle qu'éclaire une fenêtre qui donne sur un pré dépendant du jardin de la Préfecture. Cette pièce a été consacrée à contenir les objets d'Antiquités et d'Arts de tous les pays. Sur la gauche, après la porte d'entrée, est une Momie de la haute Égypte, renfermée dans sa caisse, dont les côtés sont décorés d'hiéroglyphes. L'armoire qui la contient renferme aussi un grand nombre d'autres Antiquités égyptiennes. Le tout est un don fait au Muséum par feu M. de Montulé, à son retour d'Egypte, en 1819.

On a placé quatre armoires vitrées dans cette petite Salle ; dans la première sont renfermées les anciennes armures, telles que Cotte-mailles, Casques, Épées, etc. ; dans celle qui lui est opposée sont des objets d'arts Indiens. Plus loin, du même côté, près la Salle d'entrée de la Collection départementale, est une troisième armoire qui contient plusieurs objets d'Antiquités, tant nationales qu'étrangères. En face de cette armoire est la quatrième, destinée entièrement au placement du très-grand nombre d'Antiquités romaines, qui ont été trouvées dans les fouilles des fondations du Pont-Royal du Mans, qu'a recueillies M. Daudin, qui en dirigeait la construction, et dont il a fait don à la ville.

Au plafond de cette petite Salle sont suspendus des modèles de deux petits vaisseaux grecs : l'un est une Frégate et l'autre une Goëlette.

Sur les vitreaux de la croisée sont attachés neuf Médaillons ovales, peints sur verre, qu'a donnés M. Daudin, qui proviennent de la spoliation de la Chartreuse de Saix, près de Castres, au ci-devant Languedoc, à l'époque de la malheureuse révolution française. On voit aussi, au-dessous de ces Médaillons, plusieurs fragmens de verres coloriés.

Sur les murs de l'embrasure de cette croisée sont attachés, à la droite, quatre Cadres vitrés ; deux de ces Cadres contiennent des Œufs d'oiseaux indigènes au département de la Sarthe, et les deux autres, les Coquilles terrestres et fluviatiles du même sol. Le Muséum est redevable de cette Collection à la Municipalité du Mans. Sur la gauche des murs de l'embrasure, sont placés sous verre : 1° la Carte géognostique du département de la Sarthe ; 2° le Plan, l'élévation et la coupe de la nouvelle Halle du Mans ; 3° sous deux cadres, également sous verre, les Tableaux des noms des donataires bienfaiteurs du Muséum, avec la désignation des objets donnés.

TROISIEME DIVISION.

COLLECTION

DÉPARTEMENTALE.

Une grande Salle particulière, dont l'entrée est située entre deux grandes armoires précitées, est entièrement consacrée à la Collection départementale qui est classée d'après l'état géognostique des arrondissemens du Mans, de la Flèche, de Saint-Calais et de Mamers ; les noms des communes qui recèlent des fossiles y sont désignés ainsi que ceux des objets qu'on y trouve.

D'autres grandes armoires vitrées renferment, les unes les Oiseaux montés qui forment une partie de l'ornithologie du département : d'autres, l'ichtyologie, par l'empaillement de plusieurs poissons indigènes ; d'autres, un commencement de la mammologie du même sol, par le montage de quelques mammifères. Une autre armoire vitrée est particulièrement assignée pour le placement des nombreuses pétrifications qu'on trouve dans le département de la Sarthe.

On voit encore dans le local vingt-quatre Tableaux d'Insectes indigènes au même sol ; on doit cette dernière Collection à la sollicitude de M. de Châteaufort, qui, en sa qualité de Maire, en a provoqué l'acquisition de la Municipalité de cette ville.

En face de la Collection départementale est une belle grille en fer, peinte en bronze, qui donne entrée à la vaste Salle de la Collection générale.

QUATRIEME DIVISION.

SALLE DE LA COLLECTION GÉNÉRALE

D'HISTOIRE NATURELLE.

Cette belle Salle voûtée, qu'éclairent six grandes croisées

a près de 70 pieds de longueur sur 24 de largeur. Les murs sont revêtus de droite et de gauche d'armoires vitrées qui renferment presque tous les objets d'histoire naturelle.

Article premier.

Botanique.

L'armoire qui contient cette partie est située à la droite de l'entrée. On y voit renfermés dans des bocaux de verre, des Graines, des Fruits et des Gommes de plantes étrangères, de nombreux échantillons de Bois polis de tous les arbres et arbustes. Dans l'embrasure de la croisée sont placées deux hautes tiges de Plantes étrangères ; l'une est l'Agave de l'Amérique, donnée par M. de Claircigny, et qui a fleuri dans ses serres, et l'autre un Bananier dont le Muséum est redevable à M. Goupil, receveur-général de ce département. Cette Plante, dont la grosseur et la hauteur de la tige étonnent, est aussi un des produits de sa serre, etc...

Art. 2.

Anatomie.

A droite, près de la première fenêtre, est une seconde armoire où sont déposés dans des bocaux, remplis d'esprit de vin, des Fœtus de tous les âges : on y aperçoit des Squelettes humains, et des parties desséchées, telles que bras et mains. On y trouve des Calculs, ou pierres, tant des reins que de la vessie, et de l'urètre, etc..... Sur le sommet de cette armoire est placée, dans une caisse, et sous verre, une étude de névrologie sur le squelette d'un enfant.

Art. 3.

Insectes.

La troisième armoire, à la suite, renferme dans des petites bouteilles pleines d'esprit de vin, un grand nombre d'Insectes. Au bas on voit beaucoup de Dents fossiles d'éléphans et des Mâchoires d'animaux, etc.

Art. 4.

Ichtyolites et Poissons empaillés.

La quatrième armoire contient beaucoup de Poissons, montés et bourrés, ainsi qu'une grande quantité d'Ichtyolites ou empreintes de Poissons sur des plaques de chaux carbonatée, si communs aux environs de Florence. Dans le bas, sont des mâchoires de Marsouins, etc.

Art. 5.

Serpens, Reptiles et Tortues.

Beaucoup de Serpens, Vipères et Tortues, sont renfermés dans cette cinquième armoire, dont le bas est garni de plusieurs Lézards goîtreux, nommés Ignames, etc.

Art. 6.

Ornithologie. — Oiseaux étrangers.

La sixième armoire ne contient que des Oiseaux étrangers proprement montés. On y voit le Flamand, l'Agami, l'Oiseau de paradis, et beaucoup de Toucans, ainsi que des Colibris et Oiseaux-mouches.

Art. 7.

Mammifères étrangers.

Cette septième armoire, située à l'extrémité de cette grande Salle, fait face à son entrée. Les objets qu'elle renferme sont des quatrupèdes étrangers, des Singes, des Tatous et plusieurs animaux monstrueux, tels que Chats à deux corps, à deux têtes, conservés dans l'esprit de vin.

Au bas de cette armoire est une Loutre du Canada, montée, et plusieurs Fourmilliers empaillés.

Art. 8.

Substances volcanisées.

Le Muséum doit à M. le Maire du Mans, M. *de Chateaufort*, plusieurs échantillons de substances volcanisées qu'il a rapportés de l'Auvergne.

Cette armoire contient une belle suite des produits des Volcans; feu M. l'abbé Ledru en a rapporté beaucoup de l'île de Ténérife.

Le classement de ces Roches est fait d'après le système du savant M. Cordier inspecteur-général des Mines.

Art. 9.

Minéralogie et Lithologie.

Cette longue suite d'armoires qui occupent toute la longueur de la Salle, comprend à la fois la minéralogie proprement dite, et la lithologie.

Au premier rang, sur les premières tables des gradins, est exposée la minéralogie, d'après le classement de la deuxième édition du beau travail du célèbre abbé Haüy.

Au second rang est l'exposition du système lithologique du savant M. Brongniart, ingénieur en chef, et professeur à l'École royale des Mines.

Sur les gradins de l'étage au-dessus de la lithologie, sont placés tous les Cristaux, tant quartzeux que calcaires et fluors : à la suite sont rangés des échantillons nombreux de Stalactites et Stalagmites : plus haut sont des Poissons, bourrés, des rivières autres que celles du département de la Sarthe, ou indigènes aux mers de l'Europe. On voit, à la suite du classement des Minéraux, une jolie collection d'Agates, Cornalines, Calcédoines, etc.

Au bas de cette grande armoire sont rangées, les unes après les autres, une grande quantité de pétrifications dont le plus grand nombre n'est que le double d'autres déjà exposées. On y voit beaucoup de fossiles des parties de grands animaux, tels que Dents d'éléphans, Mâchoires et Dents de Requins, etc...

Au-dessus de ce long rang d'armoires, et sur le mur contre lequel elles sont adossées, sont plusieurs parties des Squelettes de grands animaux terrestres et marins, tels que Têtes et Bois de cerfs de haute stature, Côtes, Têtes et Vertèbres de cachalots, une Omoplate et une Côte de baleine ; nombre de Scies du poisson de même nom, plus une peau tendue et développée du serpent Boa, et le même animal empaillé ou bourré, un Phoque, ou Veau marin donné par M. Richelet, Bibliothécaire.

Marbres, Bois pétrifiés, polis, et autres Pierres polies.

On voit dans cette armoire presque tous les échantillons polis des Marbres de France, d'Italie et d'Allemagne, ainsi qu'une grande quantité de Bois pétrifiés également polis, la plupart étrangers, tels que Palmiers, etc.

On y voit aussi un assez bel assortiment des Marbres qui figurent des ruines et des paysages.

ART. II.

Conchyologie. — Animaux invertébrés.

L'armoire qui renferme cette partie de l'histoie naturelle, est placée au milieu de la grande Salle : c'est, à proprement parler, une vaste cage vitrée de tous les côtés.

Le sommet est consacré au classement des nombreux Polypiers, tels qu'Astroïtes, Caryophillites, Tubiporites, etc.

A la droite, du côté des fenêtres, sont rangés tous les animaux invertébrés, avec leurs noms respectifs.

Au bout de cette grande cage et du même côté, on a déposé dans les cases de trois petites boîtes tous les fossiles coquilliers de Grignon, et au-dessous, ceux qu'on trouve aux pieds des Pyrénées, à Dax, département des Landes.

Toute cette riche Collection d'animaux invertébrés a été classée par M. Drouet, amateur et savant naturaliste de cette ville, d'après le système de Lamarck.

La conchyologie proprement nommée, située du côté opposé, a été rangée par M. Daudin, également d'après le système de Lamarck.

Au-dessous des étages de cette grande cage sont des doubles de Pétrifications coquillières, puis des Plantes marines, telles que Coraux, Gorgones, Eponges, etc.

Art. 12.

Poissons de mer et de rivière, grands Reptiles ou Serpens.

Au plafond des voûtes de cette Salle, sont suspendues des peaux bourrées d'animaux marins, tels que Lamentins, Requins, Poisson-scie, Grande-Baudroie ou Diable de mer, le Marteau, le Roussier, etc., et d'autres grands Poissons de rivières, comme l'Esturgeon, les Crocodiles et le Caïman du Gange; enfin des grands reptiles, comme les Boas, les Devins, etc.

Sept à huit mille Plantes renfermées dans leur couverture composent encore l'herbier général; le défaut d'emplacement oblige à les tenir dans leur enveloppe. Le Ministre de l'intérieur qui, depuis trois ans, n'accorde pas les fonds que vote le conseil général de ce département, pour la construction des armoires qui doivent les contenir, en a retardé jusqu'à ce jour le placement. On se propose de les établir dans les embrasures des six croisées de la grande Salle. Les Plantes classées d'après la méthode de Linnée, seront placées dans des tiroirs.

Au dessus de ces armoires vitrées sera le médaillier que constitueront sept à huit cents pièces; le plus grand nombre a été trouvé dans les fouilles du Pont-Royal du Mans, dont il a été fait mention.

TABLES DE TECHNOLOGIE

SITUÉES AU MILIEU DE LA GALERIE DES TABLEAUX.

Le grand nombre des substances minérales qui se trouvent dans le département de la Sarthe, leurs variétés et leur importance dans les arts, avaient déjà fait naître, il y a 5 ans, à M. Le Comte Max. de Perrochel, maire de la commune de St. Aubin de Locquenay, l'un des bienfaiteurs donataires le plus zélé du Muséum du Mans, la première idée d'appliquer à l'utilité publique et aux arts l'emploi des substances argileuses dans la peinture à l'huile, ce qui a été fait avec un succès qui ne cesse de faire l'étonnement et l'admiration des amateurs.

Ce premier mode d'utilité publique a reçu une application plus généralement étendue à nombre d'autres substances minéralogiques.

M. Narcisse Desportes, savant botaniste, naturaliste éclairé de la ville du Mans, profondément pénétré pour l'utilité publique de l'application des substances indigènes de ce département aux arts, ayant fait part au conseil général des grands avantages que présentait ce moyen d'utilité; le conseil ayant obtenu à la fois de S. E. le Ministre de l'intérieur et son assentiment à ce projet, et les fonds nécessaires à son exécution, a fait construire, à l'instar de l'école royale des mines à Paris, des tables technologiques où sont placées les substances premières, et leur application aux arts.

Un appel a été fait aux propriétaires et aux possesseurs d'usines, en les invitant à adresser au Muséum et les substances minérales de leur sol, et les produits de leurs fabriques respectives : quelques-uns ont répondu à cette invitation:

On a placé sur les tables de technologie les noms des communes d'où les substances ont été extraites, et ceux des fabricans avec le produit de leurs usines.

On remarque sur d'autres tables les différentes pierres employées dans la construction des bâtimens. On y voit les différentes natures de pierres à chaux propres à la fabrication des mortiers et cimens, soit à l'air soit dans l'eau, désignées sous les noms de chaux grasse ou maigre, ainsi que leurs produits.

On remarque encore sur ces tables, dont plusieurs sont consacrées à l'exposition d'un grand nombre de pétrifications, coquillages ou fossiles, notamment dans la Salle de la collection départementale, l'ensemble de tout ce que présente, dans ce genre, les nombreuses traces du long séjour des eaux dans le département de la Sarthe.

On a eu très-souvent recours au contenu des armoires de la collection départementale, pour y placer un grand nombre de beaux échantillons de cette nature, que n'ont pu envoyer les divers propriétaires de ce département.

Telle est, d'une manière concise et très-succinte, la description des objets qui forment le Muséum de la ville du Mans. Cet établissement, ayant à peine 15 années d'existence, est cependant dès ce moment, après le Musée de Paris, l'un des plus grands et des plus variés, et le plus complet de tous ceux des départemens de la France. Si on eût voulu décrire les 55,000 échantillons dont se compose le Muséum du Mans, deux volumes in-8°, de 400 pages chacun, auraient été insuffisans pour remplir cette tâche. C'est à la bienfaisance des amateurs et des généreux donataires, dont plusieurs même sont étrangers à ce département, que ce bel établissement public doit l'intérêt et l'admiration qu'il inspire à ceux qui le visitent.

Rédigé par l'ingénieur en chef en retraite, ancien colonel directeur d'artillerie, membre de plusieurs académies et sociétés savantes, créateur du Muséum du Mans, nommé conservateur par S. Exc. le ministre de l'intérieur, sur la demande de M. le Préfet et de M. le Maire du Mans, en 1815.

DAUDIN.

(Le Muséum est ouvert, depuis 10 heures du matin jusqu'à 2 heures après midi, tous les jours, excepté les fêtes et dimanches, et les mercredi.)

Au Mans. Imprimerie de Fleuriot, rue Royale.—1829.

www.ingramcontent.com/pod-product-compliance
Lightning Source LLC
LaVergne TN
LVHW052030160826
845678LV00003B/1260

* 9 7 8 2 3 2 9 6 3 7 4 3 3 *